ASTRONAUTEN SOM INTE FICK LANDA
by Bea Uusma Schyffert

Copyright © 1999 by Bea Uusma Schyffert
All rights reserved.
Original Swedish edition published by Alfabeta Bokförlag.

Technical illustrations © Kari Modén (pages 15, 18, 19, 23, 26, 38, 63); © Time-Life (pages 8, 16, 20, 21, 72); © NASA (front cover and pages 6, 28, 33, 52, 53, 54, 61); © National Air and Space Museum, Smithsonian Institution, Washington, D.C. (page 3, 43, 45, 47, 69).

The quotes are Michael Collins's own words from *Carrying the Fire*, Ballantine Books, 1974 (pages 10, 17, 41); *The Home Planet*, Addison-Wesley, 1988 (pages 44, 60); the magazine *One Giant Leap for Mankind*, 1994 (page 73); and his own notes, courtesy of National Air and Space Museum, Smithsonian Institution, Washington, D.C. (page 59).

Korean Translation Copyright © 2009 by BIR
Korean translation edition is published by arrangement with Alfabeta Bokförlag.

이 책의 한국어판 저작권은 Alfabeta Bokförlag와 독점 계약한 (주)비룡소에 있습니다.
저작권법에 의해 한국 내에서 보호를 받는 저작물이므로 무단 전재와 무단 복제를 금합니다.

뒤편으로 간

the man who went to
the far side of the moon

사람

**아폴로 11호 우주 비행사
마이클 콜린스 이야기**

베아 우스마 쉬페르트 지음/ 이원경 옮김

비룡소

……나는 지금 달 착륙선을 타러 간다……

이글호가 달 표면에 착륙하는 동안, 닐 암스트롱의 심장은 1분에 156번이나 뛰고 있다. 암스트롱이 이글호의 출입문을 연다. 그리고 천천히 사다리를 타고 내려온다. 인류의 5분의 1이 텔레비전 앞에 앉아 가슴을 졸이며 암스트롱이 달 표면에 조심스럽게 첫발을 내딛는 장면을 지켜보고 있다.

그때 달의 뒤편에서는 작은 우주선 한 척이 어둠 속에서 달 궤도를 돌고 있다. 이 은빛 우주선에는 마이클 콜린스가 타고 있다. 콜린스가 달 표면을 걷는 일은 없을 것이다. 닐 암스트롱과 에드윈 올드린이 달 표면에 있는 동안 콜린스는 우주선을 조종하면서 두 사람을 기다려야 한다. 콜린스가 달 뒤편을 지나는 48분 동안 모든 무선 교신은 끊어진다. 그 순간 콜린스는 지구에서 가장 멀리 떨어져 있는 사람이다. 콜린스는 혼자서 달 궤도를 열네 번이나 돈다. 콜린스와 우주 공간 사이에는 몇 가지 기계 장치와 얇은 철판만이 있을 뿐이다.

우주선이 달 뒤편을 지나는 동안, 콜린스의 눈앞에는 완전히 새로운 빛깔의 세상이 펼쳐진다. 우주선 창밖으로 보이는 어둠은 인간이 아는 어떤 단어로도 표현할 수가 없다. '까맣다'는 말로는 부족하다. 빛이 전혀 없어서 콜린스는 달 주위를 돌고 있는데도 달을 볼 수 없다. 단지 별이 보이지 않는 부분에 달이 있다고 짐작할 뿐이다. 달이 별빛을 가리고 있는 것이다.

콜린스는 달 궤도를 돌고 또 돌면서, 암스트롱과 올드린이 달에서 임무를 다하기를 기다린다. 우주선의 창문이 뿌옇게 흐려진다. 우주선 어디선가 조금씩 삐걱삐걱 소리가 들린다. 콜린스는 카메라를 꺼내 들고 자신의 까칠한 얼굴을 찍는다. 그리고 녹음기를 꺼내서 아이들의 이름을 천천히 큰 소리로 불러 본다. 케이트, 앤, 마이클.

마이클 콜린스의 가족들. 왼쪽부터 앤, 마이클 주니어, 마이클 콜린스, 패트리샤, 케이트 그리고 아래는 애완견 두베

나는 지금 혼자다. 정말로 혼자다.
나는 지구의 모든 생명체들로부터
완전히 떨어져 있다.
이 쪽에서 생명체는 나뿐이다.

따져 보면, 달의 저편에는
30억 하고도 두 명이 있겠지만
이쪽에 무엇이 있는지는
신과 나만 안다.
내가 가진 이 강렬한 느낌은
두려움이나 외로움이 아니라
깨달음, 기대감, 만족감, 자신감
그리고 환희에 가깝다.
나는 이 느낌이 좋다.

마이클 콜린스가 달의 뒤편을 비행하며 쓴 메모

암스트롱과 올드린이 달에서 임무를 마치고 우주선으로 돌아올 때까지 콜린스는 컴퓨터에 850개가 넘는 명령을 내려야 한다. 우주선의 벽면은 700개가 넘는 스위치, 경보 버튼, 경고등, 계측기, 키보드로 가득하다. 그중 몇 개의 경고등에는 절대로 빨간 불이 들어와서는 안 된다. 노랗고 검은 줄무늬가 있는 버튼들은 아주 중요한 기능을 한다. 그래서 우주 비행사가 지치고 외로운 나머지 실수로 누르지 않도록 플라스틱 뚜껑에 덮여 있다.

미국 대통령이 달 표면에 있는 암스트롱과 올드린에게 교신을 보낸다. 하지만 콜린스와 교신하는 사람은 아무도 없다. 달 뒤편을 지날 때는 지구와 교신하는 것이 아예 불가능하기 때문이다.

달로 떠나는 여행

1969년 7월 16일 수요일. 아침 9시 30분밖에 되지 않았는데도 기온은 이미 30도나 된다. 100만 명에 달하는 사람들이 플로리다 주 케네디 우주 센터에 모여들어 있다. 사람들이 너무 많아서 끝이 보이지 않는다. 사람들은 소풍 나온 것처럼 모래 언덕 곳곳에 흩어져서 자리를 깔고 앉거나 의자에 걸터앉아 있다. 아직 도로를 빠져나오지 못해 차 안에 있는 사람들도 많다.

새턴 5호 로켓은 39A 발사대에 세워져 있다. 새턴 5호는 이제껏 만들어진 로켓들 중에서 가장 큰 로켓이다. 길이로만 보면 축구 경기장보다도 길다. 로켓 맨 꼭대기의 우주선 안에는 우주 비행사 세 명이 좌석에 단단히 고정되어 있다. 지금까지 미국인 스물세 명과 소련인 열일곱 명이 우주로 날아갔지만 달 착륙을 시도하는 것은 이번이 처음이다. 10년이 넘도록 미국과 소련은 먼저 달에 도착하려고 앞을 다투어 왔다.

마이클 콜린스, 에드윈 올드린, 닐 암스트롱은 아내와 아이들에게 작별 편지를 써 두었다. 이 편지는 그들이 지구에 돌아오지 못하는 경우에만 가족에게 보내게 될 것이다.

우주 비행사

마이클 콜린스

아폴로 11호 사령선 조종사

임무

이륙할 때 말고는 항상 우주선 컬럼비아호를 조정한다.

이번 여행에서 달 표면을 밟지 않게 될 유일한 우주 비행사다.

암스트롱과 올드린이 달 착륙선 이글호를 달 표면에 내리는 동안 컬럼비아호를 타고 달 궤도를 돈다.

만약 이글호가 달에서 이륙하는 데 실패하면 혼자 컬럼비아호를 조종해 지구로 돌아와야 한다.

경력

미국 공군의 시험 비행 조종사로 근무했다.

4,000시간 비행 기록이 있다.

이탈리아 로마에서 태어났다.

아버지는 미국 공군의 소장이었다.

전 세계의 군사 기지를 돌아다니며 자랐다.

특징

스스로를 기술자와 거리가 먼 사람이라고 여긴다. "나로 말하자면 엄청난 장비들을 다루는 멋진 조종사지만 기계가 망가지면 아무것도 못 고친답니다. 오히려 내 아내가 나보다 더 기술자에 가깝지요."

끈기가 있고 일을 똑부러지게 한다.

말수가 적다.

고급 와인에 관심이 많다.

낚시와 장미 기르기를 즐긴다.

그림도 그린다.

나이 만 38세	**배우자** 패트리샤 (결혼 전에 미국 공군 복지단에서 일했다.)	**애완동물** 두베 (독일 셰퍼드) 스노우볼 (토끼)
출생 1930년 10월 31일		**연봉** 17,147달러
키 180센티미터	**자녀** 케이트 (10세) 앤 (7세) 마이클 주니어 (6세)	**우주 비행사가 된 해** 1963년
몸무게 75킬로그램		**우주 비행 경력** 제미니 10호 (1966년)

마이클 콜린스

나는
서른여덟 살의 백인 남자.
키 180센티미터에 몸무게 75킬로그램.
연봉 17,000달러를 받으면서
텍사스 근교에서 장미를 기르며 산다.
지금은 조금 불안하지만
곧 달로 쏘아 올려질 것이다.
그래, 나는 달에 갈 것이다.

마이클 콜린스가 이륙하기 직전에 쓴 메모

우주 비행사

에드윈 올드린

아폴로 11호 달 착륙선 조종사

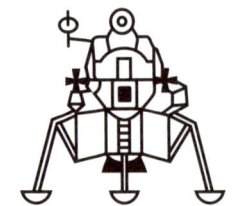

임무

달에 착륙하는 동안 선장을 돕는다.

계기판에 나타나는 모든 숫자를 큰 소리로 읽어서 고도와 속도를 알려 준다.

유사시에는 선장의 임무를 대신한다.

두 번째로 달을 밟는 사람이 될 것이다.

경력

미국 공군 조종사였다.

3,500시간 비행 기록이 있다.

아폴로 11호 우주 비행사들 중에서 공부를 가장 많이 했으며 우주 비행학 박사 학위가 있다. 두 우주선이 우주 공간에서 만나 결합하는 방법에 관한 논문을 썼다.

뉴저지 주 몬트클레어에서 태어났다.

특징

정식 이름은 에드윈 유진 올드린이다. '버즈'라는 별명으로 불렸다.

운동을 좋아한다. 매일 아침에 1시간씩 달리기를 한다.

한때 장대높이뛰기 선수였다. 최고 기록은 4.2미터이다.

사람을 쉽게 사귀지 못하고 잡담을 좋아하지 않는다. 하지만 우주에 관심이 있는 사람과는 쉬지 않고 이야기한다.

완벽주의자이다.

속마음을 잘 드러내지 않는다.

나이 **만 39세**	배우자 **조앤** (다섯 번 데이트하고 결혼했다.)	어머니의 결혼 전 성 **문** (moon, 영어로 '달'이라는 뜻이다.)
출생 **1930년 1월 20일**		연봉 **18,622달러**
키 **178센티미터**	자녀 **마이클** (13세) **제니스** (11세) **앤드류** (11세)	우주 비행사가 된 해 **1963년**
몸무게 **75킬로그램**		우주 비행 경력 **제미니 12호** (1966년)

우주 비행사

닐 암스트롱

아폴로 11호 선장

임무

선장으로서 최종 결정권을 갖는다.

이륙하는 동안 지령석에 앉아 있는다.

올드린과 함께 이글호를 타고 달에 착륙할 것이다.

경력

초음속 연구기 X-15의 시험 비행 조종사로 근무했다.

아폴로 계획에 참여한 우주 비행사들 중에서 비행 경험이 가장 많다.

4,000시간이 넘는 비행 기록이 있다.

7,000명밖에 살지 않는 오하이오 주 와파코네타의 한 농장에서 태어났다.

특징

정식 이름은 닐 올던 암스트롱이다.

자동차 운전을 배우기도 전에 비행기 조종법을 배웠을 정도로 비행을 좋아한다.

열여섯 살 생일에 조종사 자격증을 땄다.

운동에는 관심이 없다. "나는 신이 평생 심장 뛰는 횟수를 정해 줬다고 믿어요. 쓸데없이 길에서 뛰어다니느라 그걸 다 써 버리고 싶지 않아요."

피아노와 바리톤 호른을 연주한다.

빵을 잘 만든다. 어릴 때 빵집에서 일하며 용돈을 벌었다.

나이 만 38세	**배우자** 자넷 (수영 강사로 일한다.)	
출생 1930년 8월 5일		**연봉** 30,054달러
키 180센티미터	**자녀** 에릭 (12세) 마크 (6세)	**우주 비행사가 된 해** 1962년
몸무게 75킬로그램		**우주 비행 경력** 제미니 8호 (1966년)

에드윈 올드린

닐 암스트롱

로켓은 아직 39A 발사대에 있다.

오전 9시 31분 51초. 엔진이 점화된다.

오전 9시 32분. 로켓이 땅에서 떠오른다.

이제 11분 42초 뒤면 로켓은 지구의 중력에서 벗어나 무중력 상태인 우주에 다다를 것이다.

땅에서는 100만 명의 사람들이 실눈을 뜬 채 로켓을 올려다보고 있다. 로켓은 점점 작아지면서 하나의 점이 된다. 몇 분도 지나지 않아 로켓은 완전히 사라져 버린다. 사람들은 자리에서 일어나 돗자리를 접고 담요를 챙긴다. 그러고는 각자 차에 올라 집이나 직장으로 돌아간다. 모든 것이 다시 일상으로 돌아간다. 우주여행을 떠난 세 명의 우주 비행사만 제외하고.

아폴로 11호	새턴 5호 로켓
우주선 컬럼비아호 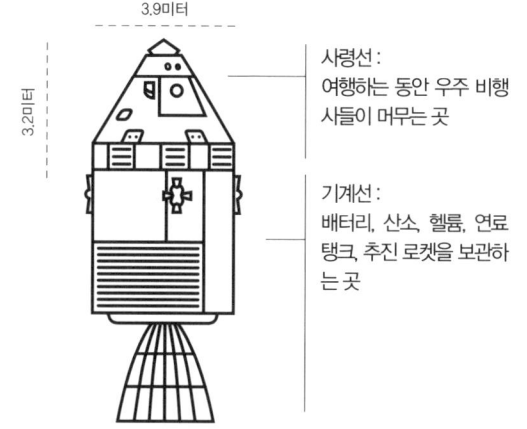 3.9미터 / 3.2미터 사령선: 여행하는 동안 우주 비행사들이 머무는 곳 기계선: 배터리, 산소, 헬륨, 연료 탱크, 추진 로켓을 보관하는 곳 **사령선의 단면도**  달 착륙선으로 들어가는 통로 계기판 좌석 잠자는 공간 **달 착륙선 이글호** 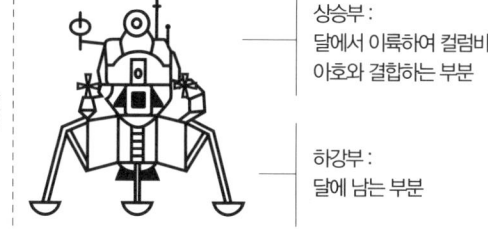 7미터 상승부: 달에서 이륙하여 컬럼비아호와 결합하는 부분 하강부: 달에 남는 부분	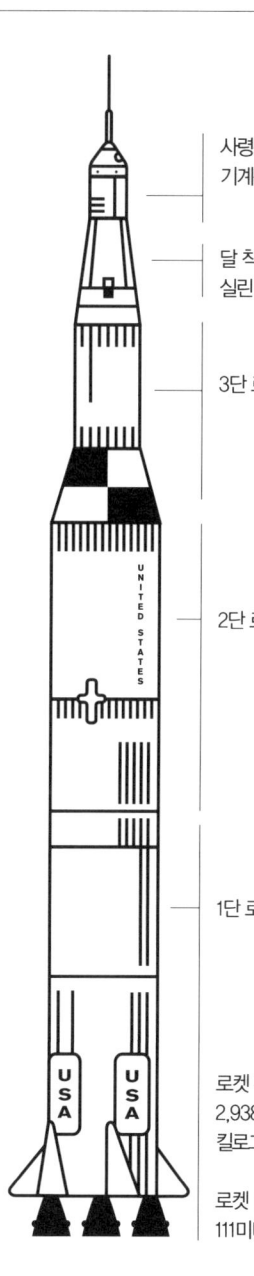 사령선과 기계선 달 착륙선이 실린 곳 3단 로켓 2단 로켓 1단 로켓 로켓 무게: 2,938,000 킬로그램 로켓 길이: 111미터

많은 우주 비행사들이 우주 멀미를 경험한다. 무중력 상태가 배 속을 울렁거리게 만들어 구토를 일으킨다. 하지만 며칠만 지나면 대부분 낫는다.

아폴로 11호의 달 왕복 여행

지구와 달 사이에서 컬럼비아호의 최고 속도 : 시속 40,000킬로미터
지구로 돌아와 바다에 떨어질 때의 속도 : 시속 40킬로미터
지구에서 달까지의 여행 시간 : 3일 4시간
달에서 지구까지의 여행 시간 : 2일 12시간(돌아오는 시간이 더 짧은 것은 지구의 중력 때문이다.)

1. 새턴 5호 로켓이 아폴로 11호를 싣고 이륙한다. 1단 로켓과 2단 로켓이 점화되고 분리된다. 곧이어 3단 로켓이 점화된다. 아폴로 11호가 지구 궤도에 진입한다.

5. 달 궤도에 들어가면 암스트롱과 올드린을 태운 이글호는 컬럼비아호와 분리되어 달 표면에 착륙한다. 콜린스는 이글호가 달에 머무는 동안 컬럼비아호를 타고 달 궤도를 돈다.

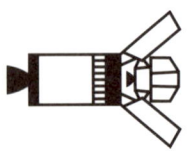 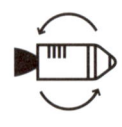

2. 3단 로켓에서 분리된 컬럼비아호는 작은 방향 전환 로켓을 이용해 동체를 돌린다.

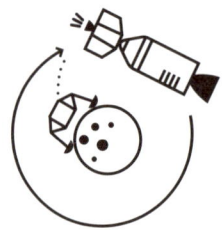

6. 달에서 이륙한 이글호가 컬럼비아호와 다시 결합한다. 암스트롱과 올드린은 컬럼비아호로 돌아온다. 이글호는 컬럼비아호에서 떨어져 나간다.

3. 그 상태에서 이글호와 결합한다.

7. 컬럼비아호는 지구로 돌아온다. 지구 대기권으로 다시 진입하기 직전에 기계선이 떨어져 나간다. 사령선은 동체를 돌린 뒤 14분 동안 대기권을 통과한다.

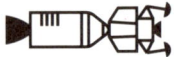

4. 컬럼비아호는 앞에 이글호를 붙인 상태로 달까지 여행한다.

8. 사령선은 낙하산을 편 채로 바다에 내려앉는다.

컬럼비아호의 내부는 자동차의 내부만큼이나 좁다. 이 좁은 공간이 우주 비행사들의 거실이자 사무실, 부엌, 침실, 욕실인 셈이다. 여기에는 총 길이가 24킬로미터나 되는 전선이 들어차 있고 200만 개나 되는 부품들이 가득하다. 이 말은 전체 장치의 99.9퍼센트가 제대로 작동한다 해도 나머지 고장 난 부품이 2,000개나 될 수 있다는 얘기다.

우주선 내부가 비좁긴 해도 무중력 상태라서 물건을 잃어버리기 쉽다. 손을 놓기만 하면 모든 물건이 여기저기 둥둥 떠다니기 때문이다. 우주 비행사들은 우주선 안쪽 벽에 수백 개의 찍찍이(벨크로) 조각을 붙여서 점검표, 펜, 선글라스, 우주 지도, 껌 등을 고정시킨다.

콜린스, 올드린, 암스트롱은 자신들이 탄 우주선을 속속들이 잘 안다. 지구에서 이번 여행을 준비할 때, 그들은 우주선 내부에서 반년 이상을 살다시피 했다. 계기판 곳곳에는 짤막한 메모가 적혀 있는 작은 플라스틱 조각이 붙어 있다. 우주 비행사들이 잊지 말아야 할 것을 적어 놓은 메모이다.

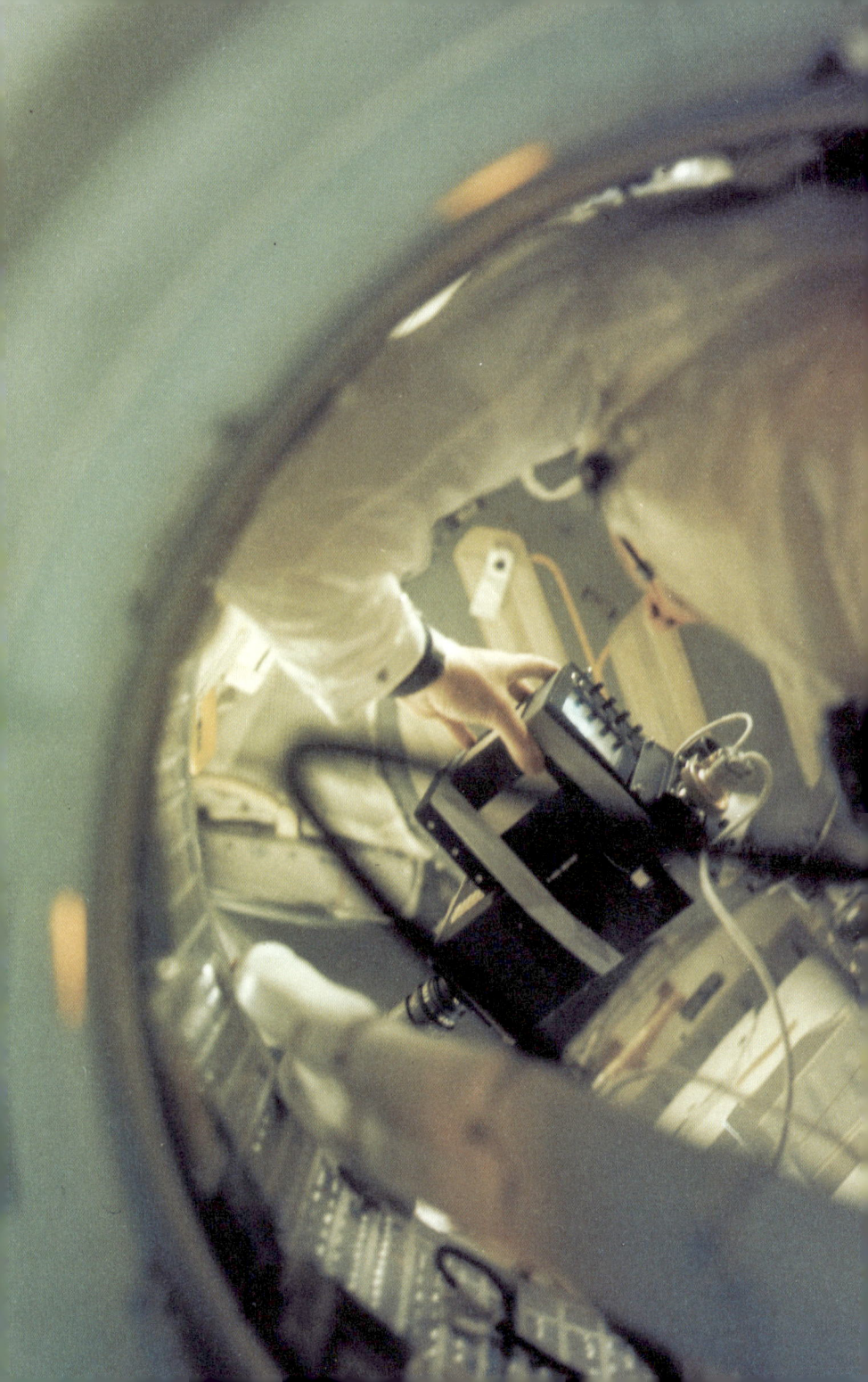

우주 비행사들은 항상 점검표를 먼저 보고 일을 한다. 그들은 점검표를 '네 번째 우주 비행사'라고 부른다. 여기에는 무슨 일을 언제 어떻게 해야 하는지 꼼꼼하게 적혀 있다. 그들은 선실 내부의 압력을 조절하면서 연료, 수소, 산소 계측기를 확인하고 그 내용을 지구에다 보고해야 한다. 먼지 때문에 전기 장치가 고장 날 수 있으므로 정해진 시간마다 진공청소기로 공기도 청소해야 한다. 또한 24시간마다 한 번씩 선체 벽면의 배출구를 통해 오줌 수거 장치에 모아진 오줌을 버려야 한다. 우주 공간에 버려진 오줌은 순식간에 얼면서 반짝이는 구름이 된다. 이 점검표는 지구에서 여러 해 동안 모의실험 훈련을 하며 만들어졌다. 콜린스, 올드린, 암스트롱이 갖고 있는 점검표를 모두 합치면 9킬로그램이나 된다.

콜린스는 점검표에 간단한 메모를 적어 놓는다. 이것은 다음에 여행을 떠날 우주 비행사들에게 도움을 줄 것이다. 이륙할 때 암스트롱의 우주복 바지 주머니가 발사 중지 손잡이를 잡아당길 뻔했다는 사실도 점검표에 기록되었다. 만약 그 손잡이가 왼쪽으로 조금만 움직였다면 그들이 탄 사령선은 본체와 분리되면서 바다에 떨어지고 말았을 것이다.

F
10-14

      Repeat above steps with buffer ampoule
      POT TK IN vlv - OPEN (verify)
      Wait 10 min & remove ampoule of H2O
      Replace chlor port cap
      Stow chlorination unit
      Do not drink for 30 min

21 WASTE WATER TANK DRAIN
    H2O QTY IND sw - WASTE
    POTABLE TANK INLET - CLOSE
    WATER CONT PRESS REL vlv - DUMP A
    Monitor H2O QTY (WASTE) ind - decreasing
    When H2O QTY (WASTE) ind reads 25%:
      WATER CONT PRESS REL vlv - 2
    POTABLE TANK INLET - OPEN

22 SIDE HATCH URINE/WATER DUMP
      Remove Dump Nozzle Conn Cover
      Remove Plug & Stow
      Withdraw Wire Guard & Wires from slot
      Install Male QD on Dump Nozzle
      Connect cable to heater connector (crew option)
          UTIL PWR - OFF
          Connect cable to utility outlet
          UTIL PWR - ON
      Connect Urine Dump Hose to Dump Nozzle QD
      Connect other end of UT hose to UTS/
        Waste Servicing Tank (as req)
      Dump Waste Water/Urine
      Disconnect UT hose from UTS/Waste Servicing Tank
        and Purge
      Disconnect UT Hose from Dump Nozzle & stow
      UTIL PWR - OFF (verify)
      Disconnect Cable from heater & outlet
        & stow (verify)
      Install plug & dump nozzle connector

23 WATER COLLECTION
    Connect urine transfer hose-filter to urine/feces QD
    Connect cabin purge QD to urine transfer hose
    WASTE MANAGEMENT DRAIN vlv - DUMP
    Collect water

F
10-15

After collection complete:
   Purge for 1 minute (min)
   WASTE MANAGEMENT DRAIN vlv - CLOSE
   {SUIT CKT RET VLV - CLOSE
   {DEMAND REGS - OFF

24 CONTAMINATION CONTROL
SUIT ~~RH~~ ~~LMP SUIT~~ FLOW vlv - ~~OFF~~ FULL FLOW
Install interconnect on L~~MP~~ O2 ~~blue~~ hose
Install vacuum cleaner brush on R~~CDR~~ O2 red hose
INSTALL ~~LMP SUIT FLOW vlv~~ - CABIN SCREEN ON C O2 R HOSE
Vacuum/brush CM interior with special
   attention to the following:
     Transfer tunnel wall and top hatch surfaces
     Open B5 and B6 cover and clean compartment
        and SRC bags surfaces
     Open A5 and clean compartment and CSC bag and
        film cassette bags surfaces
     Open R13 and clean compartment and film
        magazine bag surface
     Open food containers and clean compartment
        and helmet stowage bags surfaces
     PGA bag surfaces
     Move vacuum cleaner brush into all potential
        "dead air" pockets to ensure thorough
        scrubbing of CM atmosphere by LiOH canisters
Change routing of hoses to establish new O2 flow
   pattern in CM for next 24-hour period
SUIT CKT RET VLV - OPEN
DEMAND REGS - BOTH
C/W SYSTEM

A C/W SYSTEM OPERATIONAL CHECK
   C/W LAMP TEST-1 (LH MA & 16 lts)
   C/W LAMP TEST-2 (RH MA & 23 lts)
   C/W CSM-CM (CM RCS lt(2)-on)
   C/W CSM-CSM(CM RCS lt(2)-out)

B ACKNOWLEDGE/RESET MASTER ALARM INDICATION
   a. Normal mode
        MA tone/lt(3)-on
        MA pb/lt(1)-push
        MA tone/lt(3)-out
        applicable C/W lt remains on

NOTE: IF MASTER ALARMS DUE TO REPEATED O2 HIGH
FLOW BECOME BOTHERSOME, DEACTIVATE BY
PULLING CB PNL 5: ECS TRANSDUCER PRESS GP 2 MN B

우주 공간의 무중력 상태에서는

척추가 곧게 펴지기 때문에

우주 비행사들의 키가

2~5센티미터 정도 커진다.

또한 창자가 위로 올라가기 때문에

허리가 가늘어진다.

그리고 다리에 있어야 할 피가

머리로 몰려서 얼굴이 부풀어 보인다.

컬럼비아호 안에 있는 마이클 콜린스

개인 소지품

우주선은 매우 비좁기 때문에 짐을 최소로 줄여야 한다. 그래서 우주 비행사들은 PPK라고 하는 개인 물품 상자에 맞게 각자의 소지품을 준비한다. 이 상자는 유리 섬유로 만든 작은 가방으로, 가로 5센티미터, 세로 10센티미터, 높이 20센티미터이다.

콜린스의 소지품

시와 기도문

달에서 돌아오면 멋진 선물이 될 물건들

- 동전
- 소매 단추
- 넥타이 핀
- 작은 깃발
- 메달
- 훈장
- 반지

인도에서 가져온 행운의 강낭콩 부적. 안에는 상아를 조각해서 만든 아주 작은 코끼리 50마리가 들어 있다.

컬럼비아호에 PPK 1개

올드린의 소지품

어머니가 주신 행운의 팔찌. 어머니의 아들딸과 손자, 손녀의 이름이 새겨져 있다.

황금 올리브 가지 4개. 하나는 달에 두고 올 것이고, 나머지는 세 우주 비행사의 아내들에게 줄 것이다.

포도주가 담긴 작은 유리병, 조그마한 성배, 천주교 의식에 쓰이는 얇고 둥근 과자. 올드린은 달에 착륙하면 영성체 의식을 치를 생각이다.

컬럼비아호에 PPK 1개

이글호에 PPK 1개

암스트롱의 소지품

우주선에서 들을 카세트테이프. 아내 자넷이 녹음한 음악이 담겨 있다.

라이트 형제가 1903년에 만든 최초의 동력 비행기 플라이어의 작은 프로펠러 조각.

박하사탕과 빗. 우주복 주머니에 몰래 넣어 두었다.

컬럼비아호에 PPK 1개

이글호에 PPK 1개

우주 비행사들의 공동 소지품

껌 15통

가사에 '달'이란 단어가 들어간 노래와 밀림에 사는 동물들 소리, 열차 소리, 개 짖는 소리 등 지구의 소리가 녹음된 카세트테이프.

우주에는 밤이 없다. 콜린스, 올드린, 암스트롱은 잠자리에 들 때 해가 너무 밝아서 창문을 가린다. 이를 닦을 때는 치약 거품을 뱉을 곳이 없기 때문에 그냥 삼켜야 한다. 우주 비행사들은 자는 동안 둥둥 떠다니지 않기 위해 얇은 흰색 침낭에 몸을 묶고 잔다. 그들은 자리에 누운 채 계기판의 희미한 노란색 불빛을 받으면서, 온도 조절기의 나지막한 소음과 배터리의 짤깍거리는 소리를 듣는다. 우주 비행사들은 이륙 후 18시간째 깨어 있지만 여전히 잠이 오지 않는다. 그들은 지구로부터 점점 더 멀어져 간다.

우주 공간에서는 잠을 덜 자게 된다.

무중력 상태에서 잘 때는

목 부분의 맥박에 맞춰

고개가 앞뒤로 움직인다.

선실 내부의 기압이 아주 낮기 때문에

우주 비행사들은 입 안에 솜털이

돋은 것 같은 불쾌한 느낌이 든다.

아폴로 11호,
여기는 휴스턴,
앞으로 3분 후면
교신이 끊긴다.

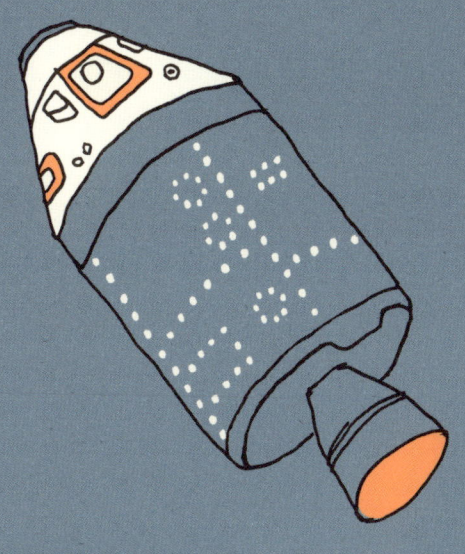

오버.

옷

지구에서 우주복의 무게 : 83킬로그램
달에서 우주복의 무게 : 14킬로그램

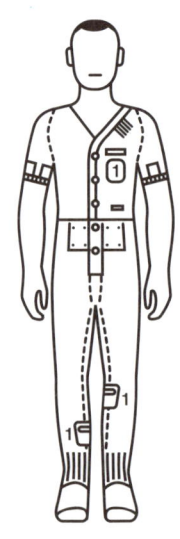

내복

우주 비행사들은 여행 내내 심지어 잠잘 때도 위아래가 붙은 내복을 입는다.

1. 방사능 측정기

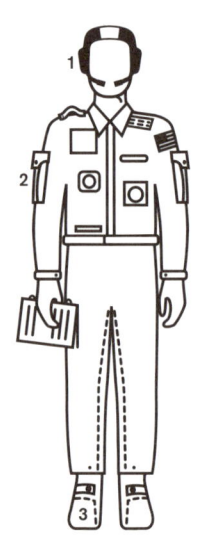

비행복

1. 지구와 통신하는 데 필요한 이어폰과 마이크가 달린 통신 모자
2. 작은 물건을 넣는 주머니
3. 밑창에 찍찍이가 달린 부드러운 슬리퍼(우주 비행사들은 우주선의 바닥, 벽, 천장에 붙어 다닐 수 있다.)

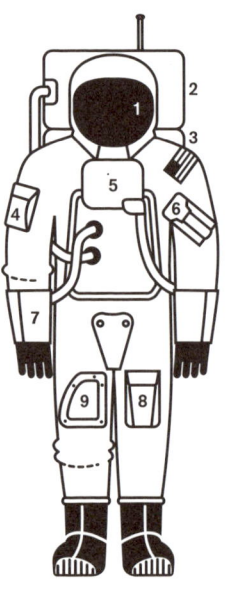

우주복

1. 달에서 자외선과 적외선을 막아 주는 광선 가리개
2. 긴급 산소 공급 장치(30분 지속)
3. 기본 산소 공급 장치(4시간 지속), 배터리, 냉각 장치, 무선 통신 장비
4. 선글라스 주머니
5. 냉각 장치를 비롯한 여러 우주복 장치들을 조작하는 원격 조종 계기판
6. 손전등 주머니
7. 점검표
8. 달 표면의 샘플 같은 각종 물건을 넣는 주머니
9. 오줌통

낮 동안 우주 비행사들은 사령선 안에서 내복과 비행복을 입고 있다. 우주복을 입는 것은 이륙할 때와 우주선끼리 결합할 때, 달 착륙선을 탈 때, 달 표면에 머물 때뿐이다. 이 우주복은 각 우주 비행사에게 맞춰 제작된 것인데도 입고 있으면 무척 불편하다. 특히 어깨 부분이 그렇다. 마이클 콜린스는 우주복을 싫어한다. 우주복을 입고 있으면 어디엔가 갇힌 기분이 들기 때문이다. 숨쉬기도 어려워서 공기가 부족하다고 느끼게 된다. 콜린스는 단지 우주복의 답답한 느낌이 싫어서 우주 비행사를 그만둘까 여러 번 고민하기도 했다.

우주복 안은 아주 조용하다. 그래서 자신이 숨을 들이쉬고 내쉬는 소리, 귓속에서 맥박이 뛰는 소리, 심지어 팔과 다리의 근육이 구부러지는 소리까지 들린다. 우주복 밑에는 기저귀와 멜빵바지처럼 생긴 속옷을 입는다. 속옷은 81미터 길이의 가는 관으로 덮여 있고 관에는 차가운 물이 채워져 있다. 이 물은 몸이 너무 뜨거워지는 것을 막아 준다. 스물두 겹으로 된 우주복은 우주의 진공 상태와 달의 심한 기온 변화로부터 우주 비행사를 보호해 준다. 달의 기온은 밤에는 영하 180도까지 떨어지지만 낮에는 영상 120도로 올라간다.

휴스턴, 여기는 아폴로 11호.
창문으로 우주가 내다보인다.

이륙 28시간 7분 후, 마이클 콜린스의 교신

순수한 산소로 채워진 우주선 내부의 공기는 보통 공기와 냄새가 다르다. 처음에는 얼음처럼 차갑게 느껴지면서 병원 냄새가 난다. 하지만 우주 비행사들이 작은 플라스틱 가방처럼 생긴 화장실에 용변을 보면 그 냄새가 우주선 안에 가득 퍼진다. 무중력 상태에서는 그런 냄새가 좀처럼 가시지 않는다. 땀 냄새도 마찬가지다. 결국 며칠만 지나면 우주선 안에 심한 악취가 밴다.

마이클 콜린스는 별을 보고 길을 찾는다. 컴퓨터로 특정한 별 서른일곱 개의 위치를 계산하여 컬럼비아호의 정확한 위치를 알아낸다. 우주선이 항로를 이탈하면 작은 방향 조정 로켓을 점화해서 우주선을 제자리로 돌려놓아야 한다. 컬럼비아호의 비행 속도는 시속 3,200킬로미터에서 40,000킬로미터까지 계속 변하지만 우주 비행사들은 속도감을 느끼지 못한다. 하지만 창문을 내다볼 때마다 지구는 점점 작아지고 달은 점점 더 커지는 것을 볼 수 있다.

지구에서 보던 달과는 완전히 다르다.
옛날에 내가 알던 달은
평평한 노란색 원반이었지만
지금 보고 있는 달은 유령처럼 푸른빛을 띤
창백하고 하얀 거대한 등이다.

달은 우리가 오는 것을 달가워하거나
반가워하지 않는 것 같다.
그래서 우리가 달의 영토를 침범하는 게
옳은 일인지 걱정스럽다.

　　　　　　　　　　　마이클 콜린스가 콜럼비아호에서 쓴 메모

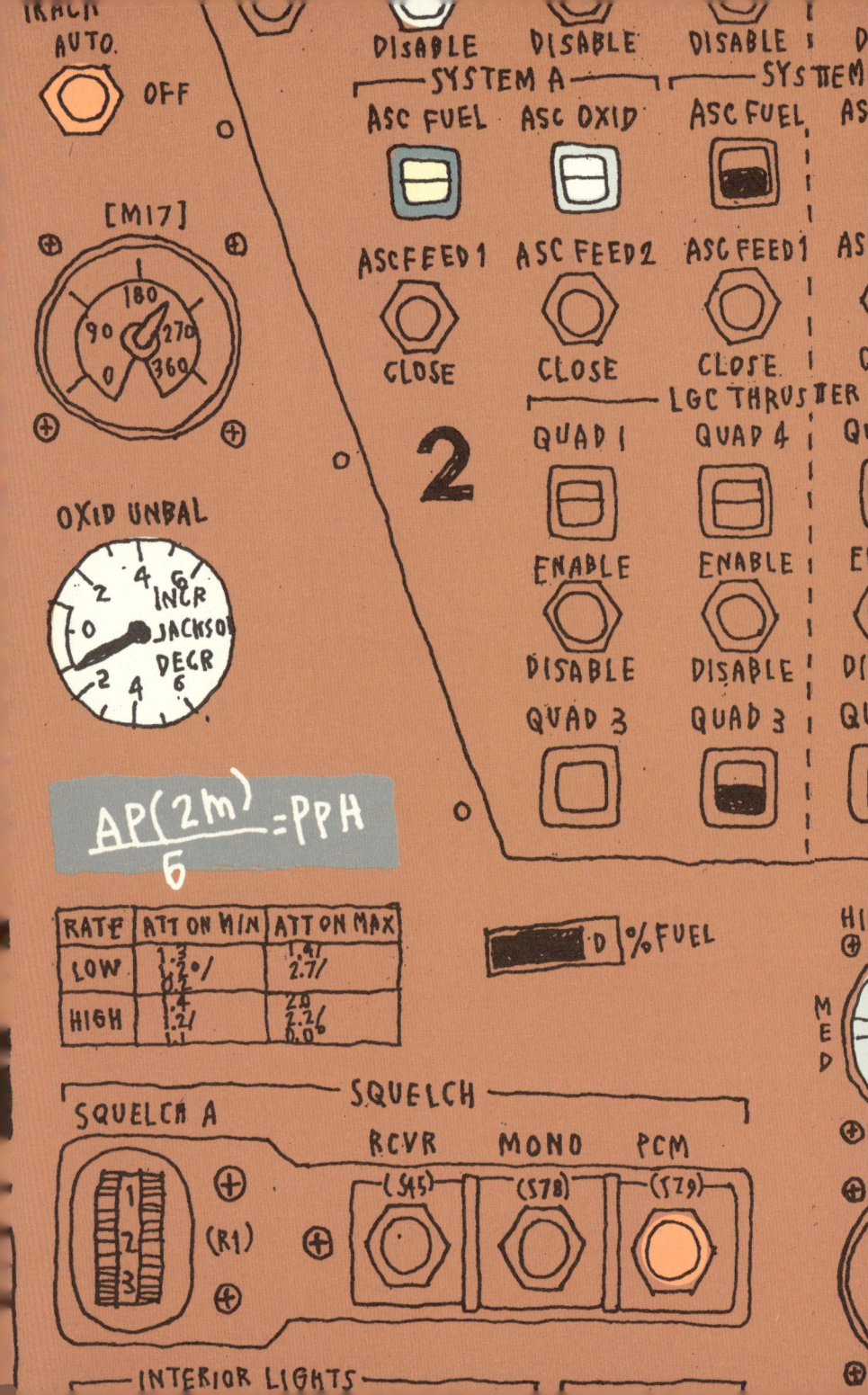

달에 도착하다

1969년 7월 20일 일요일 오전 9시 56분. 암스트롱과 올드린이 탄 이글호가 고요의 바다에 착륙한다. 그곳은 그늘진 부분이 영하 180도, 해가 비치는 부분이 영상 120도나 된다. 그들이 있는 곳은 미국 플로리다 주 케네디 우주센터의 39A 발사대로부터 390,000킬로미터 떨어져 있다.

원래는 올드린이 달을 밟는 최초의 인간이 될 예정이었다. 하지만 이글호의 출입문이 안쪽으로 열리기 때문에, 문 바로 뒤에 자리가 있던 올드린이 먼저 밖으로 나가기가 곤란했다. 훈련 기간 내내 그들은 자리를 바꿔 보려고 애썼지만 비좁은 선실만 망가뜨릴 뿐이었다. 결국 발사 몇 달 전에 암스트롱이 먼저 나가는 것으로 결정되었다. 이제 암스트롱이 선실 바닥의 작은 출입문을 통해 거꾸로 기어 나간다. 달은 지구에 비해 아주 작아서 지평선이 약간 구부러져 보인다. 지평선을 바라보면 이글호가 둥근 공 위에 착륙한 것 같다. 암스트롱의 팔에 소름이 돋는다. 이곳에는 공기가 전혀 없다. 아무 소리도 들리지 않는다. 생명체도 없다. 발자국도 없다.

닐 암스트롱은 달을 밟은 최초의 인간이 된다.

달 위에 서 있으면

한 손으로 지구 전체를 가릴 수 있다.

지구로부터 390,000킬로미터 떨어진 곳의 작은 우주선 안에서 두 우주 비행사가 서로 사진을 찍는다.

에드윈 올드린이 찍은 닐 암스트롱

닐 암스트롱이 찍은 에드윈 올드린

예상치 못한 일이 발생할 경우를 대비해
우주 비행사들은 절대로 착륙 지점에서
60미터 이상 떨어지지 않는다.

오케이, 착륙 보고 수신했다, 이글호.

암스트롱과 올드린은 달에서 21시간 36분 동안 머물지만 이글호 밖에서 보내는 시간은 기껏해야 2시간이 조금 넘는다. 그들은 세 가지 간단한 실험을 하고, 알루미늄 가방에 달의 흙과 돌덩이 22킬로그램을 담는다.

세 가지 간단한 실험
- 태양 입자량 측정하기
- 지구까지의 정확한 거리 측정하기
- 달의 지진과 유성 충돌 흔적 측정하기

주요 실험
- 달에 착륙하기

우주 비행사들은 다시 이글호에 탑승하고 출입문을 닫은 뒤 헬멧을 벗는다. 두 사람 모두 강렬한 냄새를 맡고 서로를 바라본다. 암스트롱은 젖은 먼지 냄새 같다고 말하고 올드린은 화약 찌꺼기 냄새 같다고 말한다. 그것은 달의 냄새다. 달에는 독특한 냄새가 있다.

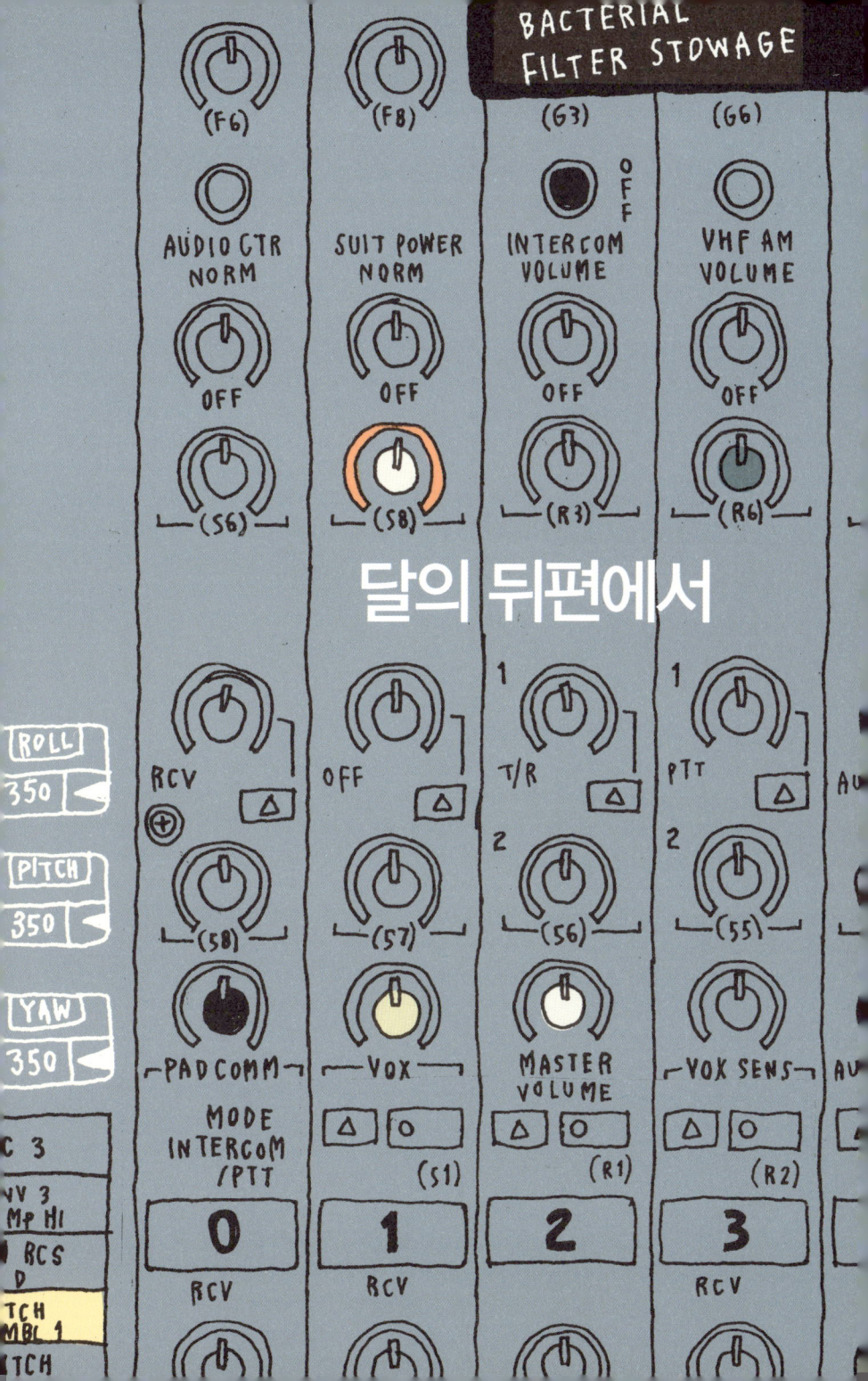

47개 나라 6억 명의 사람들이 지직거리는 텔레비전 화면을 통해 달 착륙 장면을 보고 있다. 하지만 단 한 사람만은 결코 그 모습을 볼 수 없다. 그 사람은 지금 달의 뒤편 110킬로미터 상공을 날고 있다. 창밖은 어둠과 별들뿐이다.

마이클 콜린스는 혼자서 28시간 동안 비행해야 한다. 콜린스는 오랫동안 훈련을 받았고 먼 길을 여행했다. 이제 목적지인 달에 아주 가까이 있지만 내려갈 수는 없다. 달을 밟는 우주 비행사로 선택받지 못했기 때문이다.

사람들이 아쉽지 않느냐고 물어볼 때면 콜린스는 자신이 아폴로 계획의 99퍼센트를 함께할 것이고 그 정도면 충분하다고 대답했다. 하지만 그것이 가장 좋은 역할이 아니라는 점은 스스로도 알고 있었다.

콜린스는 지금 달을 밟고 있는 우주 비행사들을 아주 잘 알지도 못한다는 생각이 든다. 암스트롱과 올드린이 달 착륙선 모의 실험기에서 여러 달 동안 함께 훈련하는 동안, 콜린스는 사령선에서 혼자 훈련했기 때문이다.

> 추진 로켓이 점화되는 것은
> 보기에는 간단하다.
> 튕킨 채 떠다니는
> e중 알갱이들은 천사처럼
> 신비로워 보인다.

마이클 콜린스가 컬럼비아호에서 쓴 메모

컬럼비아호는 두 시간마다 이글호가 착륙한 지점 위를 지나간다. 콜린스는 이글호를 찾아보려고 하지만 볼 수 없다. 콜린스의 눈에 보이는 것은 햇빛을 받아 선명한 그림자를 늘어뜨리고 있는 크레이터들뿐이다.

달의 뒤편,
이곳에서는 달 표면이 보이지 않는다.
별빛을 가린 부분이 달이라는 것만
알 수 있을 뿐이다.

물리학 법칙에 따르면
내가 탄 이 멋진 우주선은
달 표면으로부터 110킬로미터 상공의
궤도에 있으며
어떤 물체와도 부딪칠 수가 없다.
하지만 왠지 무언가와 부딪칠 것만 같은
생각이 자꾸 든다.

맙소사!
나는 지금 달 표면 바로 위를
아슬아슬하게 스쳐 가고 있는 것이다.

마이클 콜린스가 달의 뒤편을 비행하며 쓴 메모

컬럼비아호가 달 뒤편을 지나는 동안, 지구와의 무선 교신은 모두 끊어진다. 콜린스는 암스트롱과 올드린의 몫까지 세 명의 일을 한다. 컴퓨터에 850개의 명령을 내려야 하고 계기판 오른쪽부터 순서에 따라 하나씩 버튼을 눌러야 한다. 달 뒤편에서 길을 잃어버리면 물어볼 사람도 없다.

콜린스는 사령선 안에 불을 켠다. 불빛은 매우 아늑하다. 콜린스는 혼자 비행하는 데 익숙하다. 거의 20년 넘게 비행기를 혼자 조종했기 때문이다. 게다가 달에 착륙한 암스트롱과 올드린에게 문제가 생기면 혼자 지구로 돌아가는 훈련도 받았다.

달의 어두운 뒤편을 지나가는 우주선 안은 아주 조용하다. 붕붕거리는 선풍기 소리와 희미하게 따각거리는 라디오 소리만이 유일한 소음이다. 콜린스는 저녁 식사를 준비한다. 그리고 창밖을 바라본다. 120분마다 지구가 달의 지평선 위로 떠오르는 모습이 보인다.

여행 넷째 날 마이클 콜린스의 식단

아침

설탕을 뿌린 콘플레이크
(냉동 건조 식품)

개별 포장된 땅콩 4개
(한입 크기)

코코아
(가루음식)

오렌지와 자몽 주스
(가루음식)

베이컨과 사과 소스
(냉동 건조 식품)

점심

새우 칵테일
(냉동 건조 식품)

햄과 감자
(습식 포장 식품)

과일 칵테일
(냉동 건조 식품)

대추야자 케이크 4개
(각각 한입 크기)

자몽 주스
(가루음식)

저녁

소고기 스튜
(떠먹는 음식)

개별 포장된 코코넛 4개
(한입 크기)

바나나 푸딩
(가루음식)

포도 주스
(가루음식)

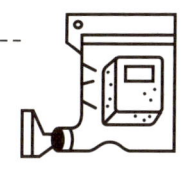

모든 음식에는 이름표가 붙어 있다. 진공 포장되어 있어서 각각의 내용물을 알아보기 어렵기 때문이다. 무중력 상태에서는 음식이 공중에 떠다닐 수 있으므로 음식을 입으로 옮기는 것도 어렵다. 우주 비행사들이 먹는 음식의 형태는 주로 다음 세 가지다.

냉동 건조 식품과 가루음식

특별 제작된 물총으로 찬물이나 뜨거운 물을 봉지에 주입한다. 약 3분 정도 봉지를 주무른 다음, 한쪽 모서리를 잘라 내고 내용물을 입에 짜 넣는다.

습식 포장 식품

바로 먹을 수 있도록 포장되어 있다. 차가운 상태로 봉지에서 직접 빨아 먹는다.

떠먹는 음식

뚜껑을 열기 전에 물총으로 찬물이나 뜨거운 물을 주입한다. 숟가락을 사용해서 먹는다. 내용물이 매우 끈적거려서 봉지와 숟가락에 들러붙기 때문에 공중에 떠다니지 않는다.

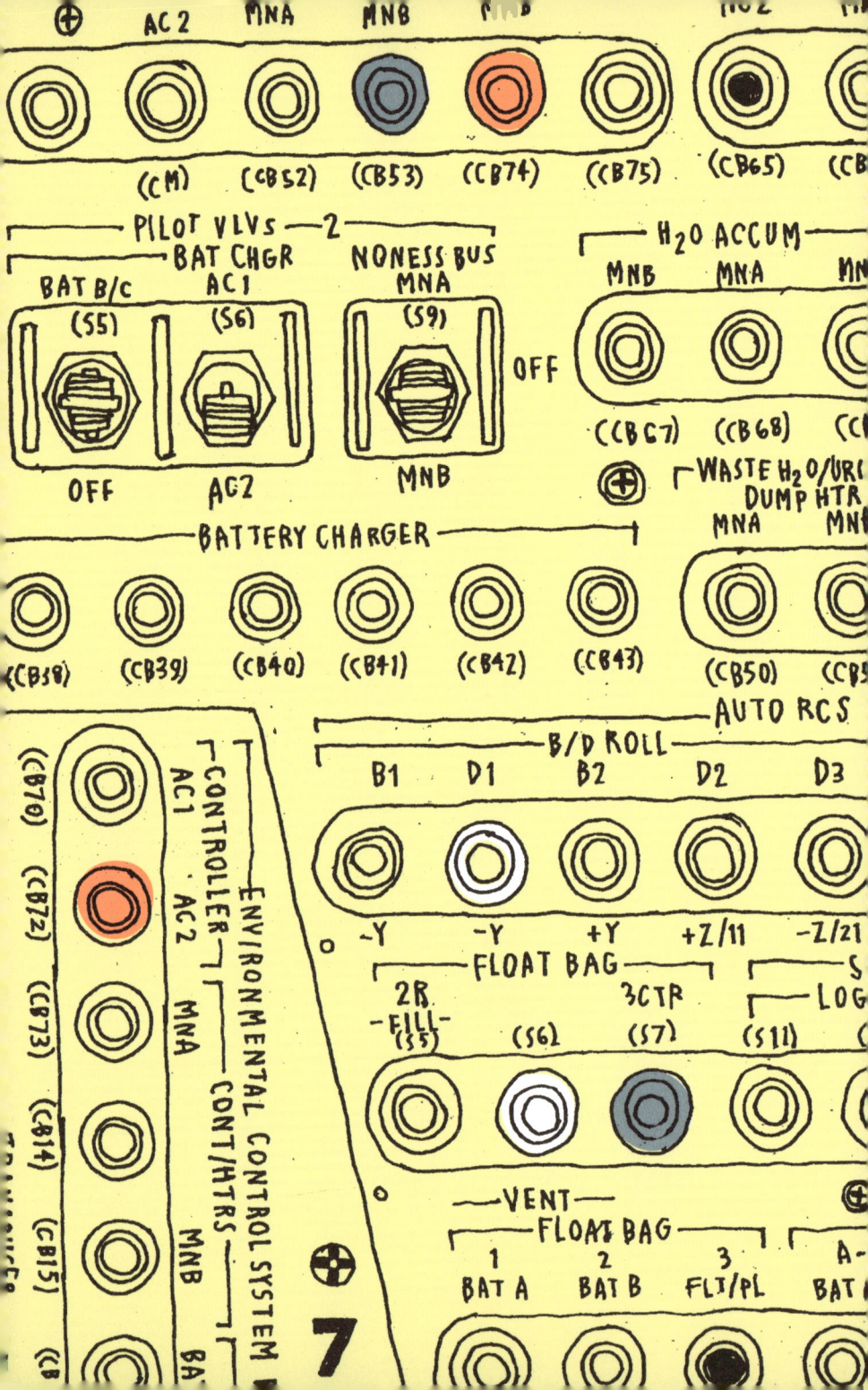

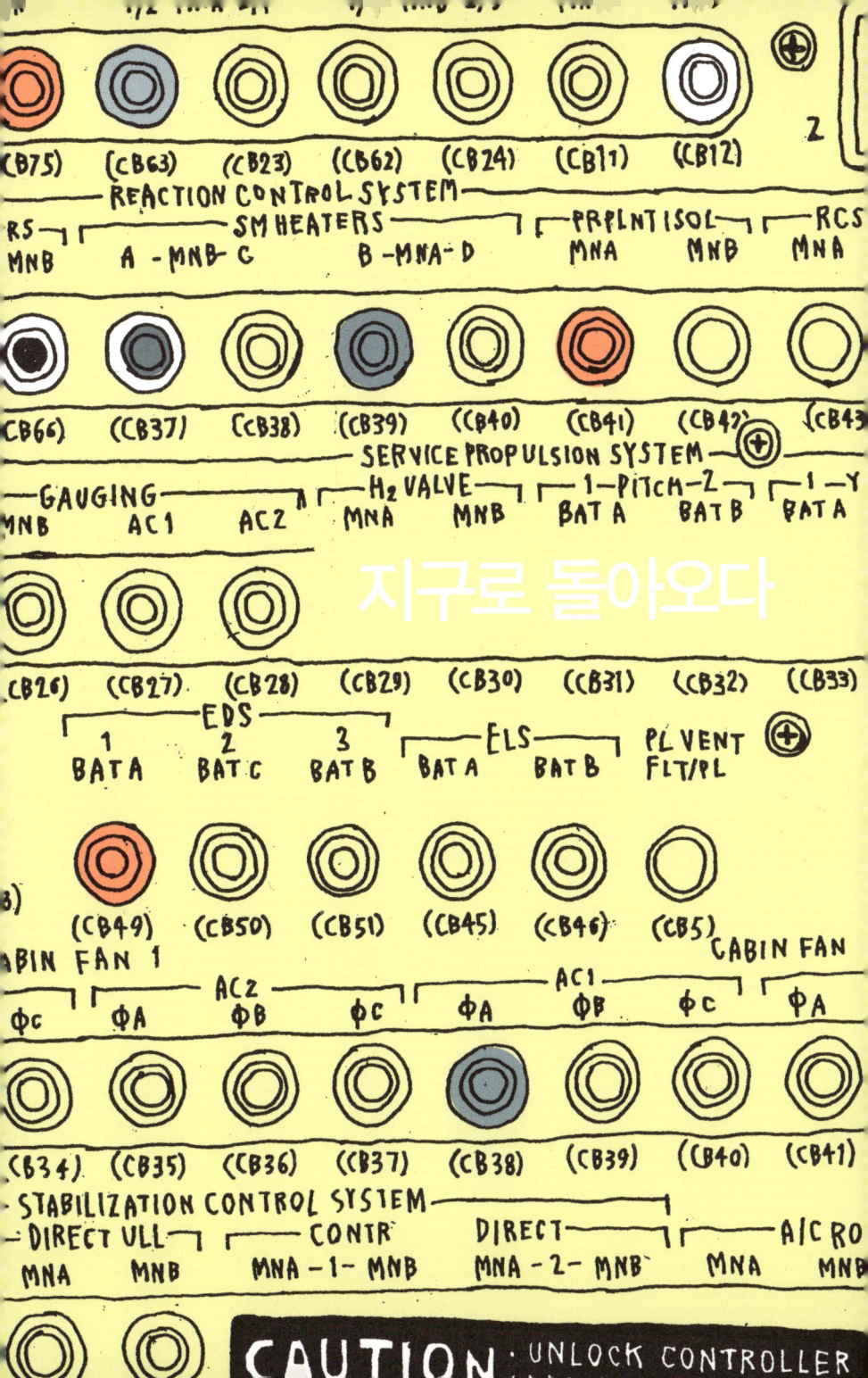

1969년 7월 24일 목요일. 달에서 출발한 후로 우주 비행사들은 지구에 도착할 날만을 손꼽아 기다렸다. 세수도 못한 채 8일 3시간 18분을 보낸 우주 비행사들은 온몸이 근질거린다. 이제 우주선 안은 숨쉬기도 힘들다. 젖은 강아지 냄새와 썩은 웅덩이 냄새로 가득하기 때문이다. 콜린스가 조종하는 컬럼비아호는 이제 지구 대기권에 진입한다. 14분 동안 우주 비행사들의 몸은 좌석에 깊이 처박힌다. 그들의 몸무게는 달에 있을 때보다 여섯 배나 무거워진다. 마침내 우주선이 하와이 근처 바다에 내려앉는다.

우주 비행사들은 달에서 인류를 전멸시킬 정도로 위험한 세균에 노출되었을지도 모른다. 그래서 콜린스, 올드린, 암스트롱은 곧장 이동식 격리 시설로 보내진다. 그 안에서 우주 비행사들은 이번 여행에 대한 보고서를 쓴다. 격리 시설에 있는 것이 점점 지루해지면서 그들은 자신이 얼마나 엄청난 것을 경험했는지 깨닫기 시작한다. 우주여행을 하는 동안에는 각자의 임무만 생각하다 보니 정말로 무엇을 하고 있는지 생각할 겨를이 없었던 것이다.

녹화된 달 착륙 장면을 보다가 올드린이 갑자기 암스트롱에게 말한다. "닐, 우린 이 재밌는 광경을 다 놓쳤어."

격리 시설에서 맞이한 두 번째 밤, 콜린스는 컬럼비아호에 올라가 좌석에 앉는다. 그러고는 의자에 등을 기댄 채 볼펜을 들고 선체 벽면에 아주 작은 글씨로 글을 적는다.

> 아폴로 11호 또는 컬럼비아호라 불리는 우주선 107호,
> 역사상 가장 훌륭했던 이 우주선에
> 신의 가호가 있기를.
> 사령선 조종사 마이클 콜린스

우주 비행사들이 치명적인 세균에 감염되었는지 알아보려고 과학자들은 무균실에서 키운 쥐를 격리 시설 안으로 들여보낸다. 17일 후 우주 비행사들은 격리 시설에서 풀려난다. 그들은 한 달 만에 처음으로 신선한 공기를 마신다. 만약 쥐가 죽었다면 마이클 콜린스, 에드윈 올드린, 닐 암스트롱은 지금까지 격리되었을지도 모른다.

달에 두고 온 것들

아폴로 11호 이후 5대의 우주선이 달에 갔다. 마지막 달 우주선은 1972년에 달에 내렸다. 우주 비행사들이 달에 두고 온 것들은 모두 처음 놓고 왔을 때 모습 그대로이다. 녹슬거나 닳거나 찢어지는 일이 없기 때문이다. 달의 회색빛 먼지 위에는 아폴로 계획에 따른 여섯 차례 달 탐사의 흔적이 고스란히 남아 있다.

우주 비행사 앨런 셰퍼드가 친 2개의 골프공 (아폴로 14호)	달 탐사차 3대 (아폴로 15호, 16호, 17호)	붉은색 성경 1권
우주 비행사들은 무게를 줄이기 위해 달에서 이륙하기 전에 필요 없는 것들을 모두 두고 왔다. · 과학 실험 장비 · 텔레비전 카메라와 전선 · 정지 영상 카메라 · 다 먹은 음식 봉지	기념물과 헌정 물품 · 기념패 · 메달 · 우주 비행사의 배지 · 십자가 · 금으로 만든 올리브 가지 · 73개국의 대통령과 수상들이 평화를 기원하는 말을 담은 컴퓨터 디스크	미국 국기 6개
우주복 부품 · 생명 유지 장치 · 신발 · 오줌통	달에 도달하기 위해 애쓰다 희생된 모든 사람들을 기리는 우주 비행사 조각상	멕시코 아카풀코의 라스 브리사스 호텔은 아폴로 11호 우주 비행사들이 이 호텔에서 가져간 분홍색 깃발을 달에 꽂았다고 주장한다. 그곳에서 무료로 머문 데 대한 감사의 표시라는 것이다. 그러나 이 주장은 확인되지 않았다.
달 착륙선 6대		

아폴로 계획에 참여한 사람들은 46만 명이 넘는다. 그들은 우주 비행사 12명을 달 표면에 보냈다. 우주 비행사들은 모두 380킬로그램의 달 물질을 지구로 가져왔다. 달에는 바람이 불지 않기 때문에 12명의 발자국과 탐사 흔적은 영원히 사라지지 않을 것이다.

아폴로 16호 우주 비행사 찰리 듀크의 가족사진은
1972년부터 지금까지 같은 장소에 그대로 놓여 있다.

• 아폴로 11호 우주 비행사들의 현재 •

마이클 콜린스

아폴로 17호의 선장이 되어 달라는 제의를 거절했다. 만약 받아들였다면 마지막으로 달을 밟은 사람이 되었을 것이다. 우주 비행사를 그만둔 후에는 미국 워싱턴에 있는 국립 항공 우주 박물관의 관장이 되었다. 지금은 은퇴해서 낚시를 즐기며 산다.

에드윈 올드린

두 번째로 달을 밟은 사람이 된 것에 항상 불만이었다. 그래서 한동안 우울증에 시달리면서 병원 신세를 졌다. 최근에는 우주 개발 계획을 연구하는 회사를 운영하고 있다.

닐 암스트롱

대중의 영웅이 되는 것에 전혀 관심이 없었다. 훗날 농장을 구입했다. 그리고 8년 동안 대학 교수로 일하면서 항공 우주 공학을 가르쳤다. 지금은 은퇴했으며 인터뷰는 좀처럼 하지 않는다.

마이클 콜린스는 지구로 돌아온 뒤 다시는 우주여행을 하지 않기로 마음먹었다. 아내와 아이들과 함께 개를 기르고 낚시를 하며 남은 삶을 보내고 싶었다.

가끔 콜린스는 다른 사람들과 이야기하다가 문득문득 이런 생각을 한다. '나는 아무도 상상할 수 없는 곳에 가서 엄청난 일을 하고 왔어. 그곳이 어떤 곳이었고 그것이 어떤 일이었는지는 절대로 설명할 수 없을 거야. 그저 마음속에 간직할 따름이지. 소중한 보물처럼.'

밤이면 콜린스는 자기 집 뒷마당의 장미 정원으로 나간다. 땅에서는 향기로운 냄새가 난다. 얼굴에 부딪히는 바람은 따스하고 촉촉하다. 콜린스는 하늘에 떠 있는 노란 원반 같은 달을 올려다보며 혼자 생각한다. '저기 갔다 왔지. 아름다웠어. 하지만 지구에 비하면 아무것도 아니야.'

마이클 콜린스는 다시 달에 가고 싶은 마음이 조금도 없다.

우리가 지구에 산다는 것은 행운이다.
나는 그렇게 믿는다.

마이클 콜린스가 우주여행 후에 쓴 메모

여기는 컬럼비아호. 아직 달의 뒤편을 지나는 중이다.

오빠.

· 우주 용어 사전 ·

고요의 바다
달의 적도에서 약간 북쪽에 있는 평탄한 부분이다. 실제로 바닷물이 있는 것은 아니다. 닐 암스트롱이 인류 최초로 달에 발을 디딘 곳이다.

국립 항공 우주 박물관
미국에서 가장 큰 항공 우주 박물관이다. 마이클 콜린스는 1971년부터 1978년까지 이곳의 관장을 지냈다. 스미소니언 박물관이라고도 한다.

나사(NASA)
미국 항공 우주국이다. 1958년에 설립되었다.

달 착륙선
달에 착륙하는 것과 달에서 이륙하는 것이 유일한 기능인 우주선이다. 아폴로 5호를 비롯해 9호에서 17호까지 2단으로 구성된 달 착륙선을 싣고 갔다.

달 착륙선 조종사
선장의 부조종사로서 선장과 함께 달에 착륙하는 역할을 한다.

모의 실험기
우주선을 본떠서 비슷하게 만든 장치이다. 실제로 우주선을 타기 전에 연습을 하게 해 준다.

사령선 조종사
선장과 달 착륙선 조종사가 달 착륙선을 타고 달에 다녀오는 동안 사령선에 머무는 역할을 한다.

새턴 5호
아폴로 11호의 추진 로켓이다.

시험 비행 조종사
개발 중인 비행기를 시험하는 조종사이다. 미국에서 시험 비행 조종사가 되기 위해서는 공군이나 해군 교육을 받아야 한다.

아폴로 계획
미국이 1967년부터 1975년까지 추진한 우주 계획이다. 사람을 달에 보냈다가 지구로 안전하게 돌아오게 하는 것이 목적이었다. 여기에 사용된 우주선은 3인용이었다. 아폴로 계획의 주요 우주선들과 그 우주선에 탄 우주 비행사들의 이름은 다음과 같다.

· 아폴로 1호(1967년) - 그리섬, 화이트, 채피
· 아폴로 7호(1968년) - 쉬라, 아이즐, 커닝햄
· 아폴로 8호(1968년) - 보먼, 러벨, 앤더스
· 아폴로 9호(1969년) - 맥디비트, 스캇, 슈바이카트
· 아폴로 10호(1969년) - 스태포드, 영, 서넌
· 아폴로 11호(1969년) - 암스트롱, 콜린스, 올드린
· 아폴로 12호(1969년) - 콘래드, 고든, 빈
· 아폴로 13호(1970년) - 러벨, 스위거트, 헤이즈
· 아폴로 14호(1971년) - 셰퍼드, 루사, 미첼
· 아폴로 15호(1971년) - 스캇, 워든, 어윈
· 아폴로 16호(1972년) - 영, 매팅글리, 듀크
· 아폴로 17호(1972년) - 서넌, 에반스, 슈미트

아폴로 1호는 실제로 우주에 가지는 못했다. 발사를 앞두고 시험을 하다가 사령선에 불이 나는 바람에 우주 비행사들이 모두 목숨을 잃었기 때문이다. 아폴로 13호는 달로 가던 길에 액체 산소 탱크가 폭발하는 사고를 당했다. 우주 비행사들은 살아남기 위해 달에 가는 것을 포기했다. 그리고 달 착륙선에 옮겨 타서 극적으로 지구에 돌아왔다. 아폴로 13호를 제외하고 아폴로 11호부터 17호까지는 모두 달에 도착하는 데 성공했다.

우주 멀미
무중력 상태에서 일어날 수 있는 증상이다. 몸이 균형감을 잃어버리기 때문에 어지럽고 메스꺼워지는 것이다.

우주선 107호
나사의 사람들이 부르던, 컬럼비아호의 또 다른 이름이다.

우주 유영
우주 비행사가 우주선 밖의 우주 공간으로 나가서 머무는 것이다.

제미니 계획
미국이 1965년부터 1966년까지 추진한 우주 계획이다. 여기에 쓰인 우주선은 2인용이었다. 제미니 계획에서 쌓인 경험을 바탕으로 아폴로 계획이 이루어질 수 있었다.

추진 로켓
우주선을 우주로 쏘아 올리기 위해 강력한 힘을 갖춘 로켓이다.

케네디 우주 센터
나사가 건설한 로켓 발사 기지이다. 1966년에 완성되었다. 각각 39A와 39B라고 이름 붙은 두 개의 발사대가 있다. 아폴로 계획의 우주선들은 모두 이곳에서 발사되었다.

크레이터
행성이나 위성의 표면에 둥글게 움푹 파인 자리이다. 달의 크레이터들은 대부분 우주에서 날아온 유성에 부딪혀 생긴 것이다.

태양 입자
태양에서 방출되는 입자로서 전기를 띤다. 입자란 거의 눈에 보이지 않을 정도의 작은 물체를 의미하는 말이다.

휴스턴
미국 텍사스 주에 있는 도시이다. 나사의 우주 비행 관제 센터가 있다. 이 센터는 지구 밖에 있는 우주 비행사들과 무선 교신하는 일을 한다.

· 달에 관한 사실들 ·

지름
3,476킬로미터
(지구의 약 4분의 1)

지구와의 거리
384,400킬로미터
(지구에서 태양까지 거리의 약 400분의 1)

하루의 길이
29일 12시간 44분

* 이 책에 표시된 시간과 날짜는 플로리다 주 케네디 우주 센터를 기준으로 한 것이다.

지은이 | 베아 우스마 쉬페르트

스웨덴에서 태어났다. 우주 비행사가 되기에는 키가 약간 작다는 사실을 깨닫고 그림 쪽으로 인생의 방향을 돌렸다. 일러스트레이터로 활동하며 책에 그림을 그려 왔다. 『달의 뒤편으로 간 사람』은 글과 그림을 모두 맡은 첫 번째 책이다. 모험에 대한 또 다른 책을 준비 중이다.

옮긴이 | 이원경

경희대학교 국어국문학과를 졸업하고 전문 번역가로 활동하고 있다. 옮긴 책으로 『온 세상 사람들』, 『말 안 하기 게임』, 『쌍둥이 바꿔치기 대작전』, 「구스범스」 시리즈 등이 있다.

즐거운지식 13

달의 뒤편으로 간 사람

1판 1쇄 펴냄 – 2009년 7월 20일, 1판 10쇄 펴냄 – 2021년 11월 11일
지은이 베아 우스마 쉬페르트 옮긴이 이원경
펴낸이 박상희 편집주간 박지은 편집 김서윤 디자인 허선정
펴낸곳 (주)비룡소 출판등록 1994. 3.17.(제16-849호)
주소 06027 서울시 강남구 도산대로1길 62 강남출판문화센터 4층
전화 영업 02)515-2000 팩스 02)515-2007 편집 02)3443-4318,9
홈페이지 www.bir.co.kr
제품명 어린이용 환양장 도서 제조자명 (주)비룡소 제조국명 대한민국 사용연령 3세 이상

ISBN 978-89-491-8707-5 44440/ ISBN 978-89-491-9000-6 (세트)

즐거운지식 시리즈

1. 수학 귀신 한스 엔첸스베르거 글·로트라우트 수잔네 베르너 그림/ 고영아 옮김
2. 펠릭스는 돈을 사랑해 니콜라우스 피퍼 글/ 고영아 옮김
3. 청소년을 위한 경제의 역사 니콜라우스 피퍼 글·알요사 블라우 그림/ 유혜자 옮김
4. 거짓말을 하면 얼굴이 빨개진다 라이너 에를링어 글/ 박민수 옮김
6. 왜 학교에 가야 하나요? 하르트무트 폰 헨티히 글/ 강혜경 옮김
7. 음악에 미쳐서 울리히 룰레 글/ 강혜경·이헌석 옮김
8. 회계사 아빠가 딸에게 보내는 32+1통의 편지 야마다 유 글/ 오유리 옮김
9. 엄마는 뭐든지 자기 맘대로야 수지 모건스턴 글·테레사 브론 그림/ 이정주 옮김
10. 수학 천재 마티의 무한 여행 클라라 그리마 글·라켈 가르시아 울데몰린스 그림/ 정창 옮김
11. 대통령이 된 통나무집 소년 링컨 러셀 프리드먼 글/ 손정숙 옮김
12. 세상에서 가장 쉬운 철학책 우에무라 미츠오 글·그림/ 고선윤 옮김
13. 달의 뒤편으로 간 사람 베아 우스마 쉬페르트 글·그림/ 이원경 옮김
14. 청소년을 위한 뇌과학 니콜라우스 뉘첼·위르겐 안드리히 글/ 김완균 옮김
15. 클래식 음악의 괴짜들 스티븐 이설리스 글·애덤 스토어 그림/ 고정아 옮김
17. 곰브리치 세계사 에른스트 H. 곰브리치 글·클리퍼드 하퍼 그림/ 박민수 옮김
18. 청소년을 위한 사랑과 성의 역사 루츠 판 다이크 글/ 전은경 옮김
21. 만들어진 나!—청소년을 위한 규범의 사회학 니콜라우스 뉘첼 글·라텔슈네크 그림/ 박민수 옮김
22. 가르쳐 주세요!—성이 궁금한 사춘기 아이들이 던진 진짜 질문 99개 카타리나 폰 데어 가텐 글·앙케 쿨 그림/ 전은경 옮김
23. 하리하라의 과학 24시 이은희 글·김명호 그림
24. 이것이 완전한 국가다 만프레트 마이 글·아메바피쉬 그림/ 박민수 옮김
25. 안녕하세요, 벨 박사님 주디스 조지 글/ 서계순 옮김
29. 클래식 음악의 괴짜들 2 스티븐 이설리스 글·수전 헬러드 그림/ 고정아 옮김
31. 뜨거운 지구촌 정의길 글·임익종 그림
32. 아인슈타인의 청소년을 위한 물리학 위르겐 타이히만 글·틸로 크라프 그림/ 전은경 옮김
33. 청소년을 위한 천문학 여행 위르겐 타이히만 글·카트야 베너 그림/ 전은경 옮김

★ 계속 출간됩니다.